CONFERÊNCIA NACIONAL DOS BISPOS DO BRASIL

Por uma reforma do Estado com participação democrática

71ª Reunião Ordinária
do Conselho Permanente

Brasília-DF, 9 a 11 de março de 2010

Paulinas

Direção-geral: *Flávia Reginatto*
Editora responsável: *Vera Ivanise Bombonatto*

Nenhuma parte desta obra poderá ser reproduzida ou transmitida por qualquer forma e/ou quaisquer meios (eletrônico ou mecânico, incluindo fotocópia e gravação) ou arquivada em qualquer sistema ou banco de dados sem permissão escrita da Editora. Direitos reservados.

2ª edição – 2010

Paulinas

Rua Dona Inácia Uchoa, 62
04110-020 – São Paulo – SP (Brasil)
Tel.: (11) 2125-3500
http://www.paulinas.org.br – editora@paulinas.com.br
Telemarketing e SAC: 0800-7010081

© Pia Sociedade Filhas de São Paulo – São Paulo, 2010

APRESENTAÇÃO

Os cinquenta anos da inauguração de Brasília, as eleições gerais do próximo mês de outubro, a "crise mundial" e a "mudança de época" proporcionaram ao Conselho Permanente da Conferência Nacional dos Bispos do Brasil – CNBB a oportunidade de pensar a trajetória do País, com a finalidade de valorizar as conquistas e oferecer sua contribuição para o diálogo nacional sobre o que precisa ser modificado, em uma verdadeira "Reforma do Estado", para a construção de uma "sociedade efetivamente democrática e participativa".

A decisão dos Bispos do Brasil de realizar a 48ª Assembleia Geral da CNBB, em Brasília, expressa o reconhecimento e o apreço por tudo o que significou e significa para a nação a execução do projeto de construção da Capital do País, em pleno Planalto Central, propiciando a vinda de muitas pessoas para esse bioma fecundo de vida e de promessas.

Brasília foi fruto do arrojo, da determinação política e da criatividade *do povo brasileiro*. Abriu espaço para acolher a capacidade profissional de exímios urbanistas e arquitetos brasileiros que souberam valorizar a oportunidade de traduzir para a prática *a ousadia* dos seus projetos. Brasília mostrou que o Brasil é capaz de se projetar para o futuro com as dimensões de grandeza que seu território sugere. Com a construção de Brasília, que teve nos "Candangos" o símbolo mais eloquente do seu desempenho, buscava-se incentivar a integração nacional que pedia, com urgência, e continua pedindo, a valorização de todas as regiões deste País de dimensões continentais, respeitando suas peculiaridades.

O jubileu de ouro de Brasília precisa se transformar em oportunidade de ouro para uma ampla e pertinente avaliação do processo histórico de construção do nosso País. Oportunidade para conferir o quanto ele está associado aos problemas que reiteradamente eclodem em todos os níveis da vida pública e para que todos voltemos a sonhar juntos com o País justo, integrado, desenvolvido e honesto que todos queremos.

O Congresso Eucarístico Nacional, com o lema: "Eucaristia, pão da unidade dos discípulos missionários", a realizar-se na capital da República, em maio deste ano, manifesta o anseio da Igreja Católica por um País justo e fraterno, edificado sobre os valores humanos e cristãos que o Evangelho nos apresenta.

Apoiado nos ensinamentos de Jesus e acolhendo a Doutrina Social da Igreja, apresento à sociedade brasileira este Documento intitulado *Por uma reforma do Estado com participação democrática*, para colocar em debate propostas de reformas que se fazem necessárias, diante da abrangência e urgência que os problemas atuais requerem. E, ao fazê-lo, invoco sobre o povo brasileiro as bênçãos de Deus e a proteção maternal de Nossa Senhora Aparecida,

Brasília-DF, 11 de março de 2010

Dom Dimas Lara Barbosa
Bispo Auxiliar do Rio de Janeiro
Secretário Geral da CNBB

INTRODUÇÃO

1. A crise econômico-financeira que eclodiu em setembro de 2008, devido à desregulamentação da produção, do comércio e das finanças, é um alarmante *sinal dos tempos* deste século, como foi para o século XX a Grande Depressão de 1929. Sua gravidade não reside apenas no fato de atingir principalmente as pessoas que menos se beneficiaram da globalização neoliberal — os pobres do mundo —, mas também por desvelar as forças que hoje ameaçam a vida da humanidade e do planeta.

2. Com efeito, o sistema produtivista e consumista, projeto tecnocrático de civilização plenamente assumido pelo capitalismo, mas também pelo socialismo, num processo civilizatório técnico-científico, mostrou toda a sua incapacidade de pôr um fim ao processo destrutivo da natureza e do próprio homem. A humanidade de hoje já possui os meios técnico-científicos para a extinção de si mesma e de todas as outras formas de vida sobre o planeta. As inovações tecnológicas produzidas conscientemente pelos seres humanos são, contudo, experimentadas, em sua totalidade, como um poder independente do querer e do fazer humanos, como se fosse um destino imutável.

3. Por isso, mais do que uma crise econômica, trata-se de uma *crise da civilização* que, tendo colocado a ciência e a tecnologia a serviço do lucro, criou uma riqueza nunca vista, mas não combateu a miséria, a fome e o desemprego que ela mesma provocou e que hoje atingem setores massivos da humanidade.

4. O caráter estrutural dessa crise de civilização já fora percebido pela Conferência Geral do Episcopado Latino-Americano e Caribenho que, no Documento de Aparecida, a ela se referiu como uma "mudança de época, mais que uma época de mudanças" (DGAE, 13). Fica evidente que não se pode mais ter uma perspectiva pastoral voltada para a realidade do continente, sem antes considerar a realidade global na qual está inserido. Por isso, devemos olhar a atualidade do nosso País a partir da crise sistêmica que atinge o mundo todo.

5. O imperativo da vida plena para todos — "Eu vim para que todos tenham vida e a tenham em abundância" (Jo 10,10) — nos obriga a pensar uma resposta eficaz para essa crise que ameaça principalmente os mais fracos e desprotegidos, e estamos convencidos de que ela não pode deixar de ser uma resposta *política*. Não basta fazer o diagnóstico da atual crise; impõe-se também uma tomada de decisão sobre os meios mais justos e eficientes para a sua superação, e esta é uma decisão política. Desde as bases locais — comunidades e municípios — até as mais altas esferas do poder,

bem como as instâncias continentais e mundiais, é necessário apoiar-se sobre instituições capazes de construir consensos políticos justos e assegurar sua implementação. É evidente que as atuais instituições não estão preparadas para essas novas funções e que profundas reformas se impõem, desde as prefeituras locais até a ONU.

6. Para enfrentar o desafio da crise sistêmica não bastam meias-medidas. Impõe-se a reforma estrutural das instâncias de poder, e isso não se faz de uma hora para outra: há um longo e difícil caminho pela frente. Justamente por ser longo, é preciso que os primeiros passos sejam dados desde já e na direção certa, fazendo-se as reformas possíveis, mas com os olhos no horizonte utópico da democracia planetária. É hora, portanto, de união entre todas as pessoas que continuam a crer no triunfo final da vida sobre a morte, porque assim será possível superar a crise e construir uma sociedade mundial justa e pacífica em harmonia com a grande comunidade de vida.

7. O debate sobre a reforma do Estado Brasileiro esbarra numa dificuldade inicial: a insatisfação e descrença geral com o atual sistema político. Muita gente vê nas instituições públicas apenas espaços de corporativismo, que só funcionam em favor dos poderosos e, por isso, carecem de credibilidade. A mídia quase sempre vem reforçar essa imagem negativa das

instituições políticas, como se política fosse coisa suja, onde prevalecem pessoas sem ética, e isso não favorece uma educação popular capaz de questionar seus fundamentos. Por isso, este documento segue uma direção oposta ao sentimento difundido de que discutir política é perda de tempo, pois quer mostrar a importância desse debate para a construção de um espaço democrático e eficaz, a partir do qual possamos superar a crise à qual nos levou a civilização baseada no sistema produtivista e consumista.

8. Depois de uma breve reflexão sobre o Estado Nacional, sua crise e serviço a setores dominantes, se analisará o contexto amplo que hospeda Estados Nacionais em crise radical, sem força para respostas adequadas e reação às suas reais condições históricas. Importante será a consideração dos agentes em crise, na estrutura e questionamento do Estado, à luz da Democracia Representativa, indicando a necessidade de novos sujeitos históricos.[1] Esta iluminação sobre o Estado Nacional, o Estado Brasileiro e sua Democracia, contextualizará a busca de saídas, ao apontar práticas que impulsionem e consolidem o novo almejado.

---

[1] Entendam-se "novos sujeitos históricos", entre outros, os trabalhadores, as mulheres, os afrodescendentes, os migrantes, os jovens, os indígenas, os quilombolas.

9. Entretanto, não há como discutir o Estado, sua estrutura, seu funcionamento e os agentes que lhe dão a configuração humana, se não refletirmos a forma como ele é preenchido por esses mesmos agentes: a Democracia Representativa que também está em crise, não mais respondendo aos novos sujeitos históricos que exigem uma mais ampla participação na construção e na ação do Estado.

10. Após um primeiro olhar sobre o Estado Nacional, concretamente o Estado Brasileiro e a Democracia, buscaremos encontrar saídas, através da análise de práticas que insistem em emergir e que apontam para o novo. Além disso, passos práticos serão indicados, a fim de que não fiquemos apenas na reflexão, mas que possamos construir gestos concretos rumo a um novo Estado e a uma necessária nova Democracia.

I. CRISE POLÍTICA E DEMOCRATIZAÇÃO DO ESTADO

11. Não apenas no Brasil, mas em todo o mundo, há um processo de desvalorização e deslegitimação dos governos, mesmo os constituídos na legitimidade democrática, pois o que está em questão é a própria concepção do Estado Nacional. As pesquisas de opinião mostram que é baixa a confiança nos Parlamentos, no Judiciário, nas instâncias do Executivo e até mesmo no processo eleitoral, isso sem falar da aberta desconfiança na honestidade dos políticos e na fidelidade dos partidos a seu programa. Esse descrédito e desinteresse pela política partidária têm como consequência a sensação de que a atividade política não leva a lugar algum e nem adianta votar, já que o resultado final esbarra numa estrutura estatal que não corresponde aos verdadeiros interesses do povo.

12. Devemos passar dessa sensação difusa a uma reflexão bem fundamentada, para não nos deixarmos levar pelo desânimo, mas sim descobrir atrás das aparências as possibilidades reais de mudança na condução política do nosso País e do mundo.

As fraquezas do Estado Nacional

13. O Estado tem, entre suas obrigações constitucionais, o dever de assegurar aos seus cidadãos e cidadãs um digno piso de condições de vida individual e de bem-estar social. No entanto, cada vez mais, no Brasil e noutros países, o Estado parece não ter capacidade, enquanto soberania, de fazer frente aos poderes paralelos, tanto internamente quanto dos grupos organizados em redes internacionais.[2] Em outras palavras, "cresce a riqueza mundial em termos absolutos, mas aumentam as desigualdades. Nos países ricos, novas categorias sociais empobrecem, e nascem novas pobrezas. Em áreas mais pobres, alguns grupos gozam duma espécie de superdesenvolvimento dissipador e consumista que contrasta, de modo inadmissível, com perduráveis situações de miséria desumanizadora".[3] É um sinal claro da atualização da parábola do pobre Lázaro e do rico Epulão (cf. Lc 16,19-31). Os exemplos aparecem continuamente e não somente nos países ditos periféricos, mas até nas grandes potências militares e econômicas.

14. Sob o ponto de vista da economia, o Estado Nacional tornou-se alvo das armadilhas do capital

---

[2] Castells, M. *A Sociedade em Rede*; a era da informação: economia e sociedade. São Paulo: Editora Paz e Terra, 1999. v. 1.
[3] Bento XVI. *Caritas in Veritate*, 22.

globalizado que encontra nele uma fonte segura de rendimentos, por meio da dívida pública, e não uma instância de bem-estar social. Nenhuma medida econômica, social ou cultural pode ser tomada em nível nacional, sem que se tenha em mente os humores e interpretações das grandes corporações. Além disso, qualquer medida num Estado pode gerar ações de desmobilização ou de debandada do capital internacionalizado, sempre em busca de mercados de trabalho e de consumo mais adequados à sua fome de lucros.

15. À velocidade dos fluxos de informação, de consumo e de produção, contrasta a lentidão burocrática do Estado, com imensas dificuldades em acompanhá-los. "Atualmente, o Estado encontra-se na situação de ter de enfrentar as limitações que lhe são impostas à sua soberania pelo novo contexto econômico, comercial e financeiro internacional, caracterizado nomeadamente por uma crescente mobilidade dos capitais financeiros e dos meios de produção materiais e imateriais. Este novo contexto alterou o poder político dos Estados."[4] Com frequência, o Estado vai a reboque das grandes empresas. As grandes corporações são, hoje, superiores em poder político, econômico e logístico a quase todos os Estados. Esse poder econômico desestabiliza as estruturas político-administrativas,

---

[4] Bento XVI. *Caritas in Veritate*, 24.

quer seja pelo seu movimento, quer seja pela constituição de grupos político-partidários subsidiados a seu serviço, além do poder mobilizador das grandes corporações junto à grande mídia.

16. Enfim, o Estado tem sido gravemente debilitado pelo pensamento neoliberal que o tem como um empecilho à liberdade individual no mercado e propõe diminuí-lo para aumentar a produção. Para esse pensamento, Reforma do Estado significa sua redução ao mínimo possível. Além disso, a corrupção reinante nos vários âmbitos da sociedade, com suas consequências imprevisíveis, enfraquece ainda mais as instituições democráticas.

17. Diante dessa fragilidade, muitos grupos e movimentos sociais, ao perceberem os vazios e o mal funcionamento do Estado, pensam que não compensa insistir junto a ele, para lhes atender às necessidades. Consideram que o Estado não lhes diz respeito e se desinteressam pela sua reforma, ao mesmo tempo que concentram suas reinvindicações na esfera da sociedade.

18. Mas a Igreja vê esse momento histórico como a possibilidade e a necessidade de "uma renovada avaliação do seu papel e poder (do Estado), que hão de ser sapientemente reconsiderados e reavaliados para se tornarem capazes, mesmo através de novas

modalidades de exercício, de fazer frente aos desafios do mundo atual. Com uma função mais bem calibrada dos poderes públicos, é previsível que sejam reforçadas as novas formas de participação na política nacional e internacional que se realizam através da ação das organizações operantes na sociedade civil; nesta linha, é desejável que cresçam uma atenção e uma participação mais sentidas na *res-publica por parte dos cidadãos*".[5]

A reconstrução do Estado

19. Nesse contexto de fragilização do Estado-Nação, o grande desestabilizador que exige a sua total reconstrução é a emergência, em âmbito global, de novos sujeitos sociais. Porém, o Estado-Nação não se constituiu para dar-lhes espaço, nem para atender suas demandas. Assim sendo, tais demandas são apresentadas na busca das subjetividades e na sua caracterização como sujeitos de direitos e deveres, e suas conquistas vão apresentando aos Estados-Nação novos problemas. Além disso, "o aumento sistemático das desigualdades entre grupos sociais no interior de um mesmo país e entre as populações dos diversos países, ou seja, o aumento maciço da pobreza, em sentido relativo, tende não só a minar a coesão social — e, por este caminho, põe em risco a democracia —, mas tem também um im-

---

[5] Bento XVI. *Caritas in Veritate*, 24.

pacto negativo no plano econômico com a progressiva corrosão do 'capital social', isto é, daquele conjunto de relações de confiança, de credibilidade, de respeito das regras, indispensáveis em qualquer convivência civil".[6]

---

[6] Bento XVI. *Caritas in Veritate*, 32.

II. O ESTADO COMO CONSTRUÇÃO HISTÓRICA

20. O Estado Nacional vem de um processo histórico. Enquanto na sociedade feudal e nas sociedades que a antecederam o valor fundamental era o coletivo, na sociedade em construção, na cidade, não o é. Aqui, sai de cena o *bem comum*, a coletividade, e assume o *indivíduo*. Contrariamente ao pensamento grego expresso por Aristóteles, que via o ser humano como ser social, a visão da modernidade coloca o indivíduo como anterior ao social. O social, a coletividade, nada mais são do que um conjunto de individualidades que devem ser satisfeitas.

21. Essa individualidade se constitui pelo *ter*. Desta forma, a liberdade é a liberdade do indivíduo proprietário. Por isso, o Estado surge como portador de uma única função: a de defender a propriedade.[7]

22. A ética da modernidade tem como prevalência o ter sobre o ser, o indivíduo sobre a coletividade. Centrada, pois, nesta visão do Humano, a propriedade é entendida como constitutiva da humanidade, e, portanto, intocável. Estes modos de pensar constituem

---
[7] Locke, J. Segundo tratado sobre o governo. Ensaio relativo à verdadeira origem, extensão e objetivo do governo civil. In: *Os Pensadores*. São Paulo: Abril Cultural, n. 138, p. 88-89.

o arcabouço da visão do direito, sob o qual vivemos até hoje.

23. O atual paradigma de Estado parte do conceito de ser humano como um proprietário. Definido desta forma, ele deixa de "ser com", para se estabelecer só como um indivíduo. Este indivíduo torna-se pela razão instrumental — concretizada pela ciência e pela técnica — o senhor do mundo e da natureza e construirá um novo conjunto de valores, centrados na produção de mercadorias. Entretanto, como nos afirma o Papa Bento XVI, "é preciso afirmar que, sem a gratuidade, não se consegue sequer realizar a justiça".[8] O conceito de propriedade e de homem, construídos ao longo dos séculos passados, constitui a estrutura jurídica que dá a base legal à ação da parte do Estado, encarregada de fazer a justiça. Entretanto, "o mercado está sujeito aos princípios da chamada justiça comutativa, que regula precisamente as relações do dar e receber entre sujeitos iguais",[9] deixando de lado a justiça distributiva e a justiça social, apregoadas pela Doutrina Social da Igreja. Por isso mesmo, a estrutura judiciária, assim construída, termina sendo quase sempre um caminho constituído pelo estrito cumprimento do ritual processual.

24. Por fim, nesse processo histórico, o Parlamento, desde o século XIII, torna-se representante das

---

[8] Bento XVI. *Caritas in Veritate*, 38.
[9] Bento XVI. *Caritas in Veritate*, 35.

classes proprietárias. Por isso mesmo, as classes não proprietárias precisaram esperar o século XX, para ter nele algum tipo de presença. É a luta dos segmentos populares por um Parlamento permeável aos diferentes grupos sociais que possibilitará a presença, em seu seio, de elementos das classes populares e de representantes de interesses das minorias.

25. Em relação ao Brasil, também há uma crise do Estado. Esta crise se insere na crise do Estado-Nacional e é fruto dos mesmos fatores, com as especificidades oriundas das características materiais, históricas e humanas do nosso País. A crise do Estado Brasileiro tem origem, mais que tudo, em sua própria formação e foi se acentuando ao longo de sua história.

26. O Brasil nasce de uma empreitada comercial. O Estado Português repassa para a iniciativa privada o processo administrativo colonial. A Coroa portuguesa apenas recolhe sua parte no processo exploratório, pois quem controla a Colônia são os investidores-proprietários privados. Daí se origina a complexa relação entre o público e o privado, se não da ausência do público, na história do Brasil.

27. Esse processo perdura até hoje com a soberania do privado, da não distinção entre os dois âmbitos, no processo político-administrativo do Brasil. Na verdade, o resultado deste processo histórico foi que os setores dominantes nunca se preocuparam em

forjar um projeto nacional, um projeto que levasse em conta o conjunto da sociedade brasileira, o bem comum de todos os brasileiros. Construiu, sim, um Estado voltado para, com e por meio destes mesmos setores dominantes.

28. Foram os movimentos sociais, desde a segunda metade do século XX, que se constituíram em espaço de crítica enquanto sujeitos políticos, de direitos e deveres, e não como beneficiários do beneplácito daqueles setores dominantes. Entendem-se, pois, como os construtores de um projeto de nação para o Brasil e veem no fortalecimento do Estado o meio propulsor desse projeto.

29. Na luta pelo retorno à Democracia, começaram a ganhar força, na década de 1970, os movimentos sociais, no campo e na cidade, buscando todas as formas de participação da população, na luta por seus direitos. As décadas de 1980 e 1990 são o momento de efervescência dessa grande parte da população que começa a perceber a exigência da participação nos destinos do País, a fim de que ele se estruture, a partir de seus desejos, aspirações e necessidades.

30. O Estado Brasileiro entra, então, em disputa. Isto é, seu controle se dá em função de diferentes projetos, conforme o entendimento de cada setor social quanto aos interesses nacionais e às exigências do bem comum.

III. A SOCIEDADE EM MUDANÇA EXIGE NOVAS ESTRUTURAS

Novo modelo de Estado

31. Novos sujeitos históricos colocam problemas que o Estado, na sua conformação atual, e o processo democrático, atualmente praticado, não estão preparados para responder. No surgimento de novos grupos sociais, as novas perguntas não obtêm respostas adequadas. Assim, o problema não é "o" Estado, mas "esse" Estado. Não entendemos que se deva ter em mente a inexistência do Estado, e sim, lançar sobre o Estado que temos um olhar crítico para verificar que outras formas podem ser buscadas. Como diz o Papa Bento XVI, "razões de sabedoria e prudência sugerem que não se proclame depressa demais o fim do Estado; relativamente à solução da crise atual, a sua função parece destinada a crescer, readquirindo muitas das suas competências".[10]

---

[10] Bento XVI. *Caritas in Veritate*, 41.

Radicalizar a democracia

32. Os novos sujeitos exigem novas estruturas; entre essas estruturas está o processo democrático. Querem e precisam fazer-se ouvir; não podem e não querem ser considerados e tratados como objetos; estão a questionar a atual forma de viver a Democracia, com seus ritos e com seu arcabouço jurídico. Tal modelo de Democracia não mais responde a seus anseios e necessidades como seres políticos.

33. A Doutrina Social da Igreja afirma que "A Igreja encara com simpatia o sistema da Democracia, enquanto assegura a participação dos cidadãos nas opções políticas e garante aos governados a possibilidade quer de escolher e controlar os próprios governantes, quer de os substituir, pacificamente, quando tal se torne oportuno; ela não pode, portanto, favorecer a formação de grupos restritos de dirigentes que usurpam o poder do Estado a favor dos seus interesses particulares ou dos objetivos ideológicos."[11]

34. A Democracia Representativa tem seu ponto alto no momento em que a pessoa, transformada em eleitor, aperta a tecla final "confirma", na urna eletrônica. Com isso é finalizada a função do eleitor. A partir daí, ele se desfaz de seu ser como agente político e

---

[11] João Paulo II. *Centesimus Annus*, 46.

delega àqueles que foram eleitos a função de agirem em seu nome. Assim sendo, se fizermos da Democracia Representativa a única forma de o povo exercer sua soberania política, então ela é redutora do seu ser político. Elege e vai para casa, já desnudado do seu ser político que foi outorgado a outrem.

35. Fazendo da Democracia Representativa a única forma de participação do povo nas decisões que lhe dizem respeito, esta é entendida como uma formalidade na qual as estruturas constitucional e infraconstitucional que formam o chamado "Estado de Direito" tornam-se um manual dos procedimentos necessários. Cumpridos estes, julga-se que a Democracia já está alcançada. Entretanto, o que está estabelecida, a partir dos procedimentos ditos democráticos, é apenas a base, a possibilidade de construir a verdadeira e total participação do povo enquanto ser e agente político a serviço do direito natural, do legítimo direito à vida, à liberdade e ao bem comum.

36. A Democracia Representativa não esgota todas as formas de vivência democrática. Outras ações devem ser acrescentadas, para que o povo possa exercer plenamente seu ser político. Neste início do século XXI, a Democracia vem sendo assumida por grupos aos quais até então havia sido negada. Para que este processo se torne efetivo é necessário o reconhecimento: do caráter pluricultural da nação e o direito

à identidade cultural, individual e coletiva; da igual dignidade das culturas, rompendo com a supremacia institucional da cultura ocidental; do caráter do sujeito político dos povos de comunidades indígenas, campesinas, ribeirinhas e quilombolas, superando o tratamento tutelar destes povos como objetos de políticas ditadas por terceiros; o reconhecimento das diversas formas de participação, consulta e representação direta de povos indígenas, camponeses e afrodescendentes.

IV. ENCONTRAR SAÍDAS

37. "A comunidade política tem na referência ao povo a sua autêntica dimensão: ela 'é, e deve ser, na realidade, a unidade orgânica e organizadora de um verdadeiro povo'.[12] O povo não é uma multidão amorfa, uma massa inerte a ser manipulada e instrumentalizada."[13] Mas como vimos, a Democracia Liberal ou Representativa não o trata como sujeito político pleno. Assim, é preciso superar os limites de participação deste modelo atual. A desconfiança e a desesperança aumentam a necessidade de encontrar saídas que ultrapassem tais questionamentos.

38. Isso significa ampliar o conjunto de sujeitos políticos, com vez e voz, no processo de construção da sociedade e do Estado, na busca da configuração que estabeleça a própria sociedade organizada, como princípio de coordenação da vida societária, para além dos mecanismos anteriores de coordenação das sociedades modernas: o mercado (capitalismo) ou o estado burocratizado (socialismo). Sabemos que "a transformação rumo a uma sociedade justa é um processo contínuo, que exige profundas mudanças culturais e implica a

---

[12] Pio XII. *Radiomensagem natalina*, 24 de dezembro de 1944.
[13] Pontifício Conselho "Justiça e Paz". *Compêndio da Doutrina Social da Igreja*. 2. ed. São Paulo: Paulinas, 2005, n. 385

participação de todos."[14] É, na verdade, um processo de ampliação da Democracia. Poderíamos dizer que é o ato da afirmação do povo como soberano da democracia, como diz o Papa João Paulo II: "O sujeito da autoridade política é o povo, considerado na sua totalidade como detentor da soberania".[15]

Mudar o agente e as estruturas políticas

39. Se a decepção com a Democracia formal se dá pela desconfiança na palavra e na prática dos agentes políticos, três princípios — mudança de prática, conduta ética e defesa e promoção da vida plena do outro — devem nortear a ação daqueles que têm responsabilidades públicas, ocupando ou não cargos eletivos. É a *mudança de prática* e não apenas de discurso que vai criar uma nova confiança no agente político. Uma prática que se mostra na transparência de seus atos e de suas relações. Só uma prática firme e condizente com seus princípios vai lhe trazer a confiança perdida.

40. Dos agentes políticos em cargos executivos exige-se a *conduta ética* nas ações públicas, nos contratos assinados, nas relações com os demais agentes políticos e com os poderes econômicos. Dos agentes políticos, no parlamento, deve-se esperar uma ação

---

[14] CNBB. *Documento 67*, 3.
[15] João Paulo II. *Centesimus Annus*, 46.

correta de fiscalização e legislação que não passe por uma simples presença na bancada de sustentação ou de oposição ao Executivo. A relação do Parlamento é, antes, com a sociedade que com o poder constituído, no Executivo. Não se pode ir para o mundo da política como quem quer resolver os próprios problemas, mas como quem coloca como objetivo máximo o fazer com que um rosto humano se revele em cada homem e mulher. O agente político, a partir da ética do outro, vai conviver e buscar fazer valer os direitos para os diferentes, não porque são diferentes apenas, mas porque é a sua diferença que constrói a humanidade. É fundamental que se tenha, para todos os que assumem cargos eletivos, "a obrigação de prestar contas acerca de sua atuação, garantida pelo respeito dos prazos do mandato eleitoral".[16]

41. Dos demais agentes públicos, quer do Judiciário, quer da burocracia estatal, quer do aparato policial, espera-se uma conduta dentro daquilo para o qual ele existe: que o Judiciário ultrapasse a rigidez da letra, para chegar ao calor do rosto que pede justiça; que o membro da burocracia seja verdadeiramente um servidor e não se sirva do cargo para colocar a população a seu serviço; que o aparelho policial se constitua na segurança que os mais pobres e excluídos, principalmente, desejam e precisam.

---

[16] *Compêndio da Doutrina Social da Igreja*, 408.

42. Assim, o agente político que está em busca de uma forma mais justa de construir a sociedade e a Democracia deve se comprometer realmente com a defesa e promoção da vida, ser construtor da humanidade e crítico de tudo aquilo que "des-humaniza", que destrói o rosto humano do homem e da mulher. O agente político ultrapassa as fronteiras político-partidárias, os condicionantes de oposição-situação, para colocar aos cuidados do Estado, antes de tudo, a vida que quer manifestar-se

43. Portanto, a busca de uma Democracia plena passa pela formação de agentes políticos que se coloquem na construção de uma amplitude cada vez maior de sujeitos políticos, de homens e mulheres que tomem em suas mãos o processo de construir a Democracia de que necessitam. É condição básica para um mandato justo que "aqueles que têm responsabilidades políticas não devem esquecer ou subestimar a dimensão moral da representação, que consiste no empenho de compartilhar a sorte do povo e em buscar a solução dos problemas sociais".[17]

44. Por fim, nada mais longe de um agente político consequente do que a busca de privilégios e de alianças espúrias com aqueles que destroem a vida e machucam o rosto humano do necessitado. Lembre-

---

[17] *Compêndio da Doutrina Social da Igreja*, 410.

mo-nos de que "o sujeito da autoridade política é o povo, considerado na sua totalidade, como detentor da soberania".[18] Este mesmo povo, de formas diferentes, mas na mesma essência, "transfere o exercício da sua soberania para aqueles que elege livremente como seus representantes, mas conserva a faculdade de a fazer valer no controle da atuação dos governantes e também na sua substituição, caso não cumpram de modo satisfatório as suas funções".[19]

45. Mas, se não temos dúvidas de que a solução aqui passa por nova postura ética dos indivíduos, temos também que entender que, por si só, tal condição não pode se colocar isolada. Por isso mesmo, sem reformar profundamente as estruturas, é impossível esperar transformações significativas. A igualdade básica dos seres humanos é, antes de tudo, uma igualdade de direitos, portanto, normativa, cuja efetivação na história humana pressupõe o estabelecimento de *instituições universalistas* que possam garantir a criação do espaço do reconhecimento universal, o que se traduz em Democracia radical e justiça socioeconômica.

---

[18] *Compêndio da Doutrina Social da Igreja*, 395.
[19] *Compêndio da Doutrina Social da Igreja*, 395.

Democratizar o Estado e ampliar a participação popular

46. Surge, portanto, um novo adjetivo ao conceito de Democracia: a Democracia Participativa. A Democracia Participativa, como um necessário complemento à Democracia Representativa, busca fazer chegar as decisões do Estado até a ação dos homens e mulheres que mais são interessados nela. Já o afirmou o Magistério da Igreja que "uma autêntica Democracia só é possível num Estado de direito e sobre a base de uma reta concepção de pessoa humana" na qual se faz necessária "a criação de estruturas de participação e co-responsabilidade".[20]

47. Nesse caso, tais pessoas não são sujeitos políticos limitados unicamente ao ato de votar. Assumem-se como sujeitos e agentes políticos quando, nos movimentos ou estruturas constituídas legalmente, têm vez e voz determinantes nos encaminhamentos do Estado. Afinal, "no sistema democrático, a autoridade política é responsável diante do povo. Os organismos representativos devem estar submetidos a um efetivo controle do corpo social".[21]

---

[20] João Paulo II. *Centesimus Annus*, 46.
[21] *Compêndio da Doutrina Social da Igreja*, 408.

Instrumentos da Democracia Participativa

48. A ampliação da Democracia formal, parte das necessidades dos homens e mulheres que almejam ser mais que objeto. A construção da Democracia Participativa parte do pressuposto de que é necessário ultrapassar o individualismo e tomar o rumo da solidariedade que deve, pois, apelar à consciência dos cidadãos, respeitando sua autonomia e chamando-os a contribuir para a construção do bem comum.[22]

49. A Constituição Federal de 1988, chamada de "Constituição Cidadã", é um exemplo de como "na luta fazemos a lei", como se ousava afirmar naquele momento. Ela garantiu direitos e deveres universais aos cidadãos,[23] muitos dos quais o sistema neoliberal buscou e busca modificar. Nela se encontram valiosos instrumentos, ferramentas eficazes na busca de um novo Estado e de uma nova Democracia. Além da possibilidade de um efetivo controle que pode e deve ser exercido pelos cidadãos junto à gestão pública, a Constituição Federal acena com inúmeras formas de participação popular, dispositivos esses ali colocados já como frutos dessa mesma forma de participação. Além disso, permitiu que os afrodescendentes e os povos indígenas tivessem respaldo nas reivindicações

---

[22] Paulo VI. *Octogesima Adveniens*, 46.
[23] Vejam-se, principalmente, os artigos de 5 a 17.

históricas, fundamento da cidadania. Lembremos a demarcação das áreas indígenas e o reconhecimento das terras dos povos quilombolas e populações tradicionais.

50. O artigo 14 estabelece que

> A soberania popular será exercida pelo sufrágio universal e pelo voto direto e secreto, com valor igual para todos, e, nos termos da lei, mediante: I — plebiscito; II — referendo; III — iniciativa popular.

Complementando o artigo citado acima, o parágrafo 2º do artigo 61 explicita:

> A iniciativa popular pode ser exercida pela apresentação à Câmara dos Deputados de projeto de lei subscrito por, no mínimo, um por cento do eleitorado nacional, distribuído pelo menos por cinco Estados, com não menos de três décimos por cento dos eleitores de cada um deles.

51. Além desses dispositivos, em 2001 foi criada a Comissão de Legislação Participativa, que se constitui de ideias propostas de forma pessoal, por entidades ou mesmo por fóruns e eventos, que, depois de um processo de burilamento, passam a tramitar no Congresso, como todos os demais projetos. No Senado, ela está dentro da Comissão de Direitos Humanos e Legislação

Participativa e tem recebido, em média, 90 propostas por ano e quase 150 delas foram transformadas em Lei.

52. Buscam-se, agora, através de *Projeto de Lei de Iniciativa Popular* para a regulamentação do artigo 14 da Constituição Federal, alterações significativas na forma pela qual as consultas populares por meio de plebiscitos e referendos e mesmo as leis de iniciativa popular possam ser mais amiudamente chamados, criando mecanismos permanentes de participação direta da população nas decisões políticas de importância para a nação. Essa participação, acompanhada do debate do tema na mídia, é fator relevante para a necessária educação política do nosso povo.

53. Outros dispositivos existem na mesma Constituição que propiciam a participação da população na gestão da coisa pública:

I. No artigo 198, III, a comunidade é chamada a participar nas ações e serviços públicos de saúde.
II. No artigo 205, a educação é tratada de tal forma que não só é direito, mas um dever de toda a sociedade e da família.
III. No artigo 204, trata-se da assistência social e explicita-se a necessária presença da sociedade civil e suas entidades no acompanhamento e no gerenciamento das ações.

54. Originários desse desejo de participação popular, na gestão e na deliberação das políticas públicas, também podem ser citadas a atenção à criança e ao adolescente, ao idoso, às pessoas com deficiência, além de áreas menos pessoais, como o meio ambiente e os conselhos de desenvolvimento urbano. Na esteira de toda essa amplitude de possibilidades, existem municípios nos quais mais de 30 Conselhos Paritários estão em funcionamento.

55. Os Conselhos Paritários formam um campo privilegiado da Participação Popular. Usados adequadamente, são espaços de formação de uma consciência política de participação, de crítica às formas de fazer política e de administrar a *res publica*. Mais que isso, uma participação ativa e continuada faz com que novos sujeitos do mundo popular adquiram conhecimentos técnicos na área específica (do orçamento, da saúde, do meio ambiente etc.). O seu aprimoramento, a formação de lideranças no meio popular para que deles participem com eficiência e eficácia, eis o caminho a ser trilhado.

56. Os problemas não devem ser deixados para trás, e não são poucos. É comum o cerceamento das atividades dos Conselhos por um chefe do Executivo que deles quer prescindir, para distribuir as ações públicas a seu critério e a critério de seus redutos eleitorais. Também é fácil encontrar Conselhos Paritários só na

forma, já que o Executivo os monta a seu critério, tornando-os, quando se reúnem, uma continuação do gabinete. Por fim, e não menos grave, a formação bastante deficiente dos Conselheiros Populares, na maioria das vezes falando em nome próprio e sem um projeto macro em sua prática.

O Orçamento Participativo

57. O Orçamento Participativo afeta a própria estrutura do Estado, porque o corpo técnico administrativo tem que se adequar, avançar junto com a população organizada. Não pode fazer o que quer, mas sempre tem que consultar, ao mesmo tempo em que tem que dar respostas sobre a execução ou não daquilo que foi aprovado. O próprio corpo burocrático e funcional precisa mudar a forma de trabalhar para fazer frente às demandas e aos prazos estipulados.

58. O Orçamento Participativo questiona, muito mais, o Aparelho Legislativo. Este tem no orçamento o momento da barganha: pede obras para seus redutos eleitorais, exige destinações as mais diversas, em troca da aprovação da Lei Orçamentária. Com o processo do Orçamento Participativo a própria elaboração da Lei Orçamentária passa por ampla participação popular, e os legisladores sentem a dificuldade de impor seus próprios projetos e interesses. A forma clientelista

de agir dos Legislativos brasileiros é profundamente questionada pela prática do Orçamento Participativo.

Acompanhar os poderes

59. A Democracia Representativa outorga aos eleitos certa inamovibilidade temporária. São donos daquele lugar político. Quando pegos em alguma infração, a morosidade e as atividades protelatórias da processualística lhes permitem a continuidade, mesmo quando o ato doloso está demonstrado e à vista de todos. Por isso, o valor enorme que se tem que dar aos grupos de acompanhamento dos poderes Legislativo e Executivo já em atividade. São espaços e ações de grande significado no processo de construção da Democracia Participativa.

60. Se, por um lado, os grupos de acompanhamento do Legislativo propiciam mudanças nos parlamentares, por outro lado, se bem organizados, constroem também, uma nova consciência de um tipo de participação que leva a mudanças. As formas de acompanhamento popular do Executivo são mais complexas. Mas as formas de acompanhamento popular dos atos dos Executivos municipais existem e têm dado resultados animadores.[24]

---

[24] O livro *O combate à corrupção nas prefeituras do Brasil*, de A. M. Trevisan e outros, mostra de forma clara uma gama imensa de

Obstáculos

61. Há certa apatia que perpassa toda a população. A situação de profunda carência, os embates diuturnos em busca da manutenção de um mínimo de sobrevivência, e a ausência de canais informativos que tenham interesse no processo, tudo isso afasta a participação. A Igreja tem a firme convicção de que "os meios de comunicação devem ser utilizados para edificar e apoiar a comunidade humana...".[25] Sabemos que "a informação está entre os principais instrumentos de participação democrática"[26] e que, sendo um bem de utilidade pública, é um direito de cidadania que não pode ser privatizado. Por isso, busque-se a formação de uma consciência de que se pode, sim, mudar o que aí está. Há que se retirar da consciência popular a falsa ideia de que o agir político se restringe aos outros, aos que têm o poder econômico, aos bem falantes.

62. Nem sempre a participação, em si, constrói o novo. Ao contrário, sem um agir consciente, competente e eficaz, toda prática pode levar a resultados negativos. É o que acontece em muitos Conselhos Paritários, onde o não saber exatamente o que está acontecendo, com a falta de formação e de apoio, leva

---

atos administrativos corruptos, e as formas com as quais se podem controlá-los.
[25] *Compêndio da Doutrina Social da Igreja*, 415.
[26] *Compêndio da Doutrina Social da Igreja*, 414.

muitos participantes a coonestarem os atos ilegítimos dos grupos no poder.

63. Também a burocracia estatal não está preparada e nem disposta a um novo formato de Estado e de Democracia. Muito embora sejam encontrados espaços burocráticos dispostos a construir o novo com as classes populares, isto não é uma realidade muito palpável. É por isso que se pode dizer que também aí está a necessidade da formação de uma consciência crítica que leve essa mesma burocracia a se engajar na nova estrutura estatal.

64. Persiste ainda a discussão sobre a institucionalização ou não das estruturas de Participação Popular. O caso do Orçamento Participativo é paradigmático. Ele ocorre, de certa forma, a partir do beneplácito de uma Administração que o tem como Plano de Governo. Findo o período desta, a nova Administração pode não ter a mínima intenção de manter esta forma participativa de administrar, o que tem sido uma constante. O que fazer então?

Por fim

65. Estamos falando em construir um novo modelo de Estado, uma nova forma de viver a Democracia. Estamos falando de um processo democrático de construção de uma nova Democracia. Estamos falando

de agir também por dentro da estrutura estatal mesmo que a queiramos substituída por outra.

66. Estamos afirmando que o povo organizado deve se engajar na construção de formas diferentes, mais igualitárias e cidadãs de Estado e Democracia. Todo agir, nesse sentido, tem um objetivo final. Não participamos de um Conselho Paritário apenas para resolver os problemas de políticas públicas. Isto seria pouco, seria parar no meio do caminho. Tal agir deve somar-se a outras formas de ação que se completam no sentido único do novo Estado, de uma nova forma democrática.

67. E, na busca desse objetivo, nada está posto! É tudo parte de um processo que se faz caminhando, sabendo apenas o ponto onde queremos chegar. Sabe-se, apenas, que é preciso construir e que o novo não só é possível, mas necessário e urgente. O novo Estado, a Democracia Participativa são construções nossas, estruturas erigidas pelas nossas práticas, com nossos erros e acertos. Cada espaço ocupado é um avanço rumo ao objetivo estabelecido. Cada retrocesso é fruto do próprio processo. Recuar pode ser necessário. O que não se pode é desistir.

V. PASSOS PRÁTICOS

Sinais de esperança: experiências de uma nova visão de mundo

68. Diante da crise do Estado e da Democracia, novas práticas de cidadania são sinais de esperança que apontam caminhos possíveis

69. O Concílio Vaticano II que nos apresenta a organização e constituição da Igreja como Povo de Deus, ensinando-nos que o indivíduo não age singularmente, mas sempre cônscio de que é povo e lhe interessa o bem comum. Daí, o exercício da Democracia Representativa a que é chamado, o levará a interessar-se pelo todo e a nunca esquecer que "os cristãos nada podem desejar mais ardentemente do que prestar serviço aos homens do mundo de hoje, com generosidade sempre maior e mais eficaz."[27]

70. Atuam na sociedade civil brasileira grupos organizados que, a partir de uma nova consciência de ser humano, buscam fazer com que o Estado se reestruture e se coloque a serviço, principalmente, dos segmentos empobrecidos e afastados do poder

---

[27] *Gaudium et Spes*, 93.

econômico. A esses acrescentam-se outros de diversas denominações religiosas, destacando-se, do lado da Igreja Católica, as Pastorais Sociais, a Comissão Brasileira Justiça e Paz, a Cáritas Brasileira, entre muitos outros organismos.

71. Destacam-se também as diversas Semanas Sociais, promovidas desde o final da década de 1980, e que buscam, em seus objetivos, um novo Estado e uma nova Democracia. A 1ª Semana Social Brasileira (SSB), em 1991, refletiu sobre "Desafios do mundo do trabalho". A 2ª SSB, 1993-4, buscou "Alternativas e protagonistas" ou mais popularmente, "O Brasil que queremos". Foi a partir dela que surgiram os *Gritos dos Excluídos*. A 3ª SSB, de 1997 a 1999, teve como tema "A Dívida Externa e o resgate das Dívidas Sociais". A 4ª SSB, de 2005 a 2007, buscou a "Articulação das forças sociais, participando na construção do Brasil que queremos".

72. Trata-se de construir práticas que levem ao novo, de utilizar a Democracia Representativa e seus dispositivos formais para abrir brechas de ampliação da cidadania. Recorde-se o que a Igreja fez, no Brasil, com o Movimento de Educação de Base (MEB) ao longo dos cinquenta anos de sua existência, com toda a riqueza de aplicação de uma pedagogia que resgatou a dignidade de milhares de pessoas hoje atuantes no conjunto da sociedade.

73. Como também a prática das Comunidades Eclesiais de Base (CEBs) na vida cotidiana da Igreja. As CEBs surgem como espaços de ampla participação, de construção comunitária da vida e como sinal de que novas formas de relacionamento, de exercício do poder e da partilha são possíveis. Os problemas do cotidiano e os problemas locais e nacionais são discutidos, à luz da Palavra de Deus, e seus membros se sentem instados à participação, na busca de Vida plena. Nestas, o poder é entendido como serviço, as decisões são tomadas com ampla participação e a justiça é a busca do bem comum.

74. Sinais de esperança são, também, as experiências exitosas da participação popular na elaboração orçamentária e no acompanhamento de sua execução, o que na maioria das vezes é denominado de Orçamento Participativo. Também devem ser lembrados os Conselhos Paritários, existentes nos três níveis do Estado Brasileiro, muitos dos quais têm um efetivo funcionamento, com adequada formação de seus membros. Não devem ser esquecidas também as muitas comissões de acompanhamento do legislativo que fiscalizam mais os parlamentos do que os órgãos do Estado criados para tal. Embora raramente noticiadas pela mídia, essas ações de acompanhamento e fiscalização popular são uma verdadeira escola de formação para a cidadania.

75. Mesmo no meio político e nas estruturas do Estado, todos conhecemos homens e mulheres que

colocam seus mandatos a serviço do bem comum, constituem grupos que acompanham suas próprias ações, e se mantêm, mesmo pressionados e perseguidos, buscando cumprir na integralidade tudo aquilo a que se propuseram, quando do pedido do voto.

76. Urge caminhar, criando espaços e estruturas que, num primeiro momento, apresentem a prática do novo, e, num segundo momento, criem a consciência de que fazer acontecer este novo não só é necessário, mas possível. E tal demonstração de que o novo é possível e fruto de um agir ordenado é necessária para a mobilização pela superação da apatia e da consciência ingênua daqueles e daquelas que precisam se colocar como sujeitos construtores do novo. A prática construtiva do novo agir, de novas estruturas, contribui para o crescimento da consciência crítica. É um dos caminhos que levam à construção de um Estado verdadeiramente democrático, uma verdadeira *res-publica*.

Rever o modelo econômico e o processo de mercantilização da vida

77. A Igreja Latino-americana e Caribenha já havia constatado que, "conduzida por uma tendência que privilegia o lucro e estimula a concorrência, a globalização segue uma dinâmica de concentração

de poder e riqueza em mãos de poucos".[28] A falta de oportunidades e a crescente desigualdade social acarretam a exclusão social. Esta se fundamenta nas decisões econômicas, em detrimento dos direitos e garantias universais dos cidadãos. Mas, na verdade, "a economia tem necessidade da ética para o seu correto funcionamento".[29] Assim sendo, neste momento da história da humanidade, em que o mundo toma a forma de uma grande aldeia, "a atividade econômica não pode prescindir da gratuidade, que difunde e alimenta a solidariedade e a responsabilidade pela justiça e o bem comum em seus diversos sujeitos e atores. Trata-se, em última análise, de uma forma concreta e profunda de Democracia econômica."[30]

78. A exigência é passar de uma política centrada nos interesses do capital financeiro para uma política centrada nos interesses da sociedade, sobretudo daqueles que estão em pior situação e têm, por isto, privilégio ético. Assim sendo, uma exigência fundamental para essa revisão é reverter a opção básica pelo capital financeiro que hoje é o protagonista de todo o processo econômico.

---

[28] *Documento de Aparecida*, 62.
[29] Bento XVI. *Caritas in Veritate*, 45.
[30] Bento XVI. *Caritas in Veritate*, 38.

79. Até recentemente estávamos diante do dilema entre o "Estado mínimo", que se abstém de regular o mercado, e o "Estado desenvolvimentista", que induz e financia o crescimento econômico. Segundo os seus defensores, este modelo precisaria apenas aperfeiçoar os mecanismos de distribuição de renda e incorporar melhor o valor da preservação ambiental para sepultar o modelo neoliberal. Assim fazendo, os atuais empreendimentos como o projeto da construção da Usina Hidrelétrica de Belo Monte, do Rio Xingu, no Pará, precisariam apenas minimizar o impacto socioambiental e atender às reivindicações das populações a serem atingidas. Hoje, porém, vemos que aquele é um falso dilema, pois não se trata de escolher entre menos ou mais Estado, e sim entre um Estado em função do sistema produtivista-consumista e um Estado voltado para o equilíbrio ecológico, a justiça social e a paz mundial. É nessa perspectiva que deve ser feita a sua reforma.

80. Cabe às instituições públicas do Estado, submetidas ao controle social permanente:

- regular o mercado e zelar pela qualidade de vida de todas as pessoas. A realização dos direitos da população está acima dos interesses dos mercados financeiros nacional e internacional;
- priorizar a economia solidária e a geração de renda por meio das iniciativas diretas da população e de incentivos públicos;

- promover uma auditoria das dívidas públicas (externa e interna), cumprindo o mandato constitucional (cf. *Ato das Disposições Constitucionais Transitórias*, art. 26).

Ampliar as oportunidades de trabalho.

81. Na lógica vigente da primazia do capital sobre o trabalho, os progressos tecnológicos são colocados a serviço do capital. Sem interferência do Estado, o acúmulo de riquezas, em vez de criar condições de emprego, aumenta o desemprego. Mas "os problemas do emprego envolvem em causa a responsabilidade do Estado, ao qual compete o dever de promover políticas ativas do trabalho".[31] Deve-se buscar uma conformação de um Estado que assuma o trabalho, como constitutivo do ser do homem, ao mesmo tempo em que o coloque como direito universal, bem como prioritário, diante do capital. "O pleno emprego é, portanto, um objetivo obrigatório para todo ordenamento econômico orientado para a justiça e o bem comum".[32]

82. Para efetivar a perspectiva de mudança real, é necessário:

- buscar formas criativas de aumento substancial de oportunidades de emprego e salário justo, tanto no campo quanto na cidade;

---

[31] *Compêndio da Doutrina Social da Igreja*, 29.
[32] *Compêndio da Doutrina Social da Igreja*, 288.

- implementar uma política de emprego para a juventude, assegurando o direito ao estudo e capacitação profissional;
- promover uma "política agrícola vinculada à Reforma Agrária que privilegie o pequeno produtor rural", ao mesmo tempo em que incentive significativamente a agricultura familiar em todas as suas necessidades;
- valorizar a economia solidária que multiplique oportunidades de trabalho e renda e aumente a rede produtiva nos moldes de cooperativas solidárias. Como o próprio Papa nos afirma, "é preciso dar forma e organização àquelas iniciativas econômicas que, embora sem negar o lucro, pretendam ir mais além da lógica da troca de equivalentes e do lucro como fim em si mesmo".[33]

Fortalecer exigências éticas em defesa da vida e do meio ambiente

83. "Eu vos asseguro: o que fizestes a estes meus irmãos menores a mim o fizestes" (Mt 25,42). À luz da ética, o Estado deve ter como princípio básico a consideração de que todos os homens e mulheres tenham os meios necessários assegurados para viver uma vida

---

[33] Bento XVI. *Caritas in Veritate*, 38.

digna, desde a sua concepção até o final de seus dias. Assim, não há espaço para legislações que atentem contra a família ou contra a dignidade da vida humana, particularmente no que diz respeito à legalização do aborto e da eutanásia.

84. Se o potencial de riquezas naturais em nosso País é considerável, também o é a responsabilidade não só por tal patrimônio, mas também pelo uso responsável do mesmo, por seu manejo sustentável. Como nos diz o Documento 82 da CNBB, "abertos e solidários com todas as nações, somos administradores da riqueza nacional".[34] É essencial o controle social, para evitar que as imensas possibilidades de vida e de sustentabilidade de outros povos sejam controladas por interesses financistas.

85. Assim, vemos a necessidade de:

- garantir a água como um bem público e patrimônio da humanidade, de destinação universal a todos os seres vivos. Já o disse o Papa Bento XVI que "é necessária a maturação duma consciência solidária que considere a alimentação e o acesso à água como direitos universais de todos os seres humanos, sem distinções nem discriminações".[35]

---

[34] CNBB. *Documento 82*, 5.
[35] Bento XVI. *Caritas in Veritate*, 27.

- proteger a biodiversidade brasileira (flora e fauna) para as futuras gerações do povo brasileiro solidário com os demais povos, respeitando e respaldando os saberes das populações tradicionais das várias regiões do País;
- assegurar o uso dos solos agricultáveis para as futuras gerações do povo brasileiro, principalmente para os pequenos agricultores, comunidades tradicionais, indígenas e quilombolas, espalhados por todo o território nacional;
- garantir a legalização e a posse das terras dos povos indígenas e quilombolas.

Democratizar o acesso à terra e ao solo urbano

86. Entendemos que "Deus destinou a terra com tudo o que ela contém para o uso de todos os homens e povos, de modo que os bens criados devem chegar equitativamente às mãos de todos, segundo a justiça, secundada pela caridade".[36] Por isso, angustia-nos ver extensas áreas rurais em abandono, como também imensos vazios urbanos, que geram sacrifícios à população e custos altos em infraestrutura ao poder público. A consciência cidadã questiona a sociedade sobre a existência de homens e mulheres, no campo e

---

[36] *Gaudium et Spes*, 69.

na cidade, vivendo em condições desumanas. Por isso, "é necessário efetivar a verdadeira reforma agrária, há tantos anos prometida. Ao lado de enormes propriedades, muitas vezes improdutivas, milhares de famílias sem terra reclamam alguns hectares para a própria sobrevivência. A 'terra de negócio' não pode ter primazia sobre 'a terra de trabalho'".[37]

87. Já o havia dito a CNBB, em seu Documento 42, comentando os vazios da Constituição Federal de 1988: "Não foi superado o estreito espírito de corpo e de ambição utilitarista, que levou à aprovação de dispositivos constitucionais, apenas por interesse de grupos. Por exemplo, a exclusão da propriedade produtiva, de desapropriação para efeito de Reforma Agrária".[38]

88. Os movimentos que buscam a reversão desse processo propõem uma nova forma de entender a terra e o seu manuseio. Não só o critério de propriedade é questionado, como também a própria relação do ser humano com a terra. A terra é, ao mesmo tempo, bem de uso e companheira de caminhada, ultrapassando o valor de troca e o domínio individualista e predador. Já denunciava, entretanto, a CNBB, em seu Documento 42, "o radicalismo reacionário de movimentos e organizações que, absolutizando o direito de propriedade,

---

[37] CNBB. *Documento 67*, 38.
[38] CNBB. *Documento 42*, 21.

tudo fazem, inclusive com recurso à violência para dificultar o acesso legítimo à terra por parte daqueles que nela querem trabalhar para produzir e sobreviver. Não podemos esquecer a palavra do Papa: 'sobre toda propriedade pesa uma hipoteca social'".[39]

89. A agricultura intensiva, em grandes latifúndios, encontra-se nas mãos de poucos, que têm acesso à técnica aprimorada, beneficiando-se com a exclusividade dos lucros do agronegócio, voltado a exportações. Para garantir a permanência do homem e da família no campo com condições dignas, superando o desemprego, a exclusão, a fome e a miséria, a *terra de negócio* não deve ter a primazia sobre a *terra de trabalho*.[40] Além disso, é urgente buscar a aprovação de um projeto de lei que inclua, entre as justificativas de desapropriação, o tamanho do imóvel rural. Busquem-se, também, o desenvolvimento sustentável e a agricultura familiar, atendendo ao clamor dos que têm vocação para viver e trabalhar na terra, assegurando-lhes as condições adequadas.

90. No âmbito do urbano, as grandes cidades não oferecem oportunidades, com espaço e moradia digna para todos. Pobres e miseráveis são excluídos, vivendo em condições de vida subumana. Para a Constituição Federal, a propriedade urbana e a própria

---

[39] CNBB. *Documento 42*, 33.
[40] CNBB. *Documento 82*, 36.

cidade têm uma função social. Mas toda a legislação complementar demorou mais de uma década para ser aprovada, o que aconteceu pelo Estatuto da Cidade, de julho de 2001. Este recoloca o direito de propriedade e torna-o menos inquestionável. Os instrumentos de política urbana nele contidos dão ao Poder Municipal instrumentos que podem resolver, pelo menos em parte, o problema da cidade.

91. Entende-se, pois, que o solo urbano deve submeter-se ao controle de leis claras e definidas, em função do bem comum, não de especulação permanente.

O planeta como responsabilidade humana

92. A terra é responsabilidade humana mais que objeto de conquista. A tutela do ambiente constitui um desafio para toda a humanidade. Trata-se do dever comum e universal e do respeito a um bem coletivo. O meio ambiente alterado é reflexo das mudanças impostas pelo uso desordenado das riquezas da natureza. Bento XVI nos diz que "a natureza está à nossa disposição, não como 'um monte de lixo espalhado ao acaso', mas como um dom do Criador que traçou os seus ordenamentos intrínsecos dos quais o homem há de tirar as devidas orientações para a 'guardar e cultivar'". [41]

---

[41] Bento XVI. *Caritas in Veritate*, 48.

93. É preocupante a insensibilidade humana diante dos danos irreversíveis causados ao meio ambiente. A realização de projetos de desenvolvimento do meio ambiente requer consciência ética. O patrimônio comum e universal existente em nosso País importa em diferentes "caminhos culturais e de desenvolvimento econômico, conforme as características das regiões com biomas e ecossistemas diferenciados".

94. No caso brasileiro, o bioma faz parte das diferentes regiões brasileiras, dando-lhes identidade social, econômica e cultural próprias. Identificamo-nos como povos do cerrado, amazônidas, povos do semiárido, da mata atlântica, do pantanal, dos pampas. É urgente fiscalizar e coibir a exploração comercial dos que exaurem o meio ambiente. O controle público da produção de riquezas deve preservar a natureza e garantir a sua sustentabilidade.

95. Faz-se necessário, também, valorizar e construir modelos de desenvolvimento econômico, cultural e social, levando-se em conta os ecossistemas difcrenciados de cada região brasileira, bem como os povos e as riquezas de cada região. É urgente e necessária a promoção de um novo modelo de desenvolvimento, a partir do conhecimento do potencial de pequenos projetos que levem em consideração as realidades locais e suas necessidades. Por fim, neste momento de crise de paradigmas, sejam implementadas políticas de relações

produtivas, inibindo as políticas predatórias contidas em grandes projetos, que privilegiam o modelo de privatização de bens e territórios coletivos. Ao mesmo tempo, é necessário o cuidado com a ecologia humana e ambiental que constituem o uno e indivisível livro da natureza.

Uma nova economia, um outro consumo

96. "Em pesquisa divulgada em 2008 pelo Instituto de Pesquisa Econômica Aplicada (Ipea) são consideradas pessoas pobres aquelas que têm renda *per capita* igual ou inferior a meio salário mínimo (R$ 260,00 em valores atuais). As pessoas ricas são aquelas pertencentes a famílias cuja renda seja igual ou maior do que 40 salários mínimos (R$ 20.400,00 em valores atuais). É considerado indigente, pela pesquisa, quem vive com até 1/4 do salário mínimo. Embora tenha havido um avanço na redução da pobreza no Brasil em 2008, 3 milhões e 123 mil pessoas são consideradas indigentes. As pessoas consideradas pobres em 2008 são 11 milhões e 356 mil."[42]

97. A CNBB afirma, em seu Documento 67, que "é preciso realizar, com urgência, uma justa redistribuição da renda no País".[43] Fundamental em relação

---

[42] Texto Base. *Campanha da Fraternidade Ecumênica 2010.*
[43] CNBB. *Documento 67*, 37

à propriedade é a questão de uma reforma tributária progressiva, que é uma exigência normativa e que onde foi realizada se mostrou um mecanismo fundamental de justiça social. Nosso sistema tributário atual, na realidade, realiza um grande processo de transferência de renda dos pobres para os ricos. Dessa forma, o Estado transfere recursos oriundos de toda a população para as camadas mais ricas do País. Uma verdadeira reforma tributária requer que sejam taxadas as grandes fortunas, as transações financeiras (de modo a coibir o capital especulativo) e a grande propriedade rural (que hoje paga um imposto inferior a 0,05% do total arrecadado).

98. Há outra via em experimentação, diferente do socialismo, para a ruptura com a ditadura do capital, nas empresas e na sociedade como um todo, buscando viabilizar outro tipo de sociabilidade, em que a economia esteja a serviço das necessidades reais das pessoas e da construção de relações integralmente humanas: é sua substituição pela gestão coletiva dos meios de produção, executada pelos produtores livremente associados; portanto, uma economia sob controle social, que tem na solidariedade seu valor ético fundamental, isto é, radica a relação entre os sujeitos nos valores da cooperação, da partilha, da reciprocidade, da complementaridade e da solidariedade. Trata-se de um modo de produzir em que o poder é centrado na sociedade de pessoas que trabalham e criam com autonomia e

liberdade, em contraposição às sociedades em que o mercado dirige o processo, uma vez que, nestas, as decisões são determinadas pelo "automatismo do mercado", o que conduz ao esvaziamento da eficácia da Democracia política.

Democratizar a comunicação e a informação

99. Em seu Documento 82, a CNBB afirma: "A mídia é, hoje, um grande instrumento de poder. Exerce uma força suficiente para mexer com a opinião pública e conduzir ao poder pessoas ou partidos, aliados a determinados interesses".[44] Seguindo a mesma linha do referido documento, faz-se necessária uma profunda democratização, quer seja na forma de comunicar e informar, quer seja no acesso aos meios pelos quais essas funções são exercidas. As novas tecnologias o permitem, e o surgimento dos novos sujeitos sociais, econômicos, culturais e políticos exige formas mais democráticas de concessão do direito e de regras em seu uso. Com o balizamento ético na comunicação, a mídia deve estar a serviço da verdade e do bem, usando a força do seu poder para fazer avançar o debate indispensável e a consciência cidadã para a construção do espaço democrático que ajudará na superação da crise de civilização contemporânea.

---

[44] CNBB. *Documento 82*, 17.

Por uma Reforma Política com participação popular

100. As crises consecutivas nas casas legislativas em todos os níveis da Federação, os escândalos que se sucedem nos executivos em suas relações com o capital privado e nas suas relações nada republicanas com os legislativos pertinentes, nos mostram que o problema não está neste ou naquele Parlamento, neste ou naquele Executivo. E aí está a busca de uma necessária e urgente *Reforma Político-Partidária*.

101. A Reforma Política de que o País necessita com urgência não pode se limitar a regras eleitorais, e dentro delas ao funcionamento dos partidos. Ela precisa atingir o âmago da estrutura do poder e a forma de exercê-lo, tendo como critério básico inspirador a participação popular. Trata-se de reaproximar o poder e colocá-lo ao alcance da influência viável e eficaz da cidadania. Em outras palavras, trata-se de democratizar as relações entre Estado e Sociedade, possibilitando a consecução das finalidades inscritas na Constituição Brasileira, atendendo ao anseio de aperfeiçoamento e consolidação da democracia, que favoreça o desenvolvimento equitativo de toda a população brasileira.

102. Cientes de que a Reforma Política precisa ser fruto da participação de todas as instâncias da cidadania, o presente documento se limita a propor alguns eixos básicos para nortear a definição das propostas.

Em primeiro lugar, a reforma precisa se traduzir no *fortalecimento da Democracia direta*. Em concreto, trata-se de regulamentar o Art. 14 da Constituição, que prevê os estatutos de plebiscito, referendo e iniciativa popular de lei.

103. Em segundo lugar, deve-se buscar o *aprimoramento da Democracia Representativa*. Aqui, sim, entra a reforma do sistema eleitoral e a nova regulamentação dos partidos políticos. No âmbito deste capítulo o objetivo fundamental deve ser a garantia de igualdade de condições para o acesso a cargos políticos e, em vista disto, se justifica o financiamento público exclusivo das campanhas eleitorais. Em seguida, a *definição clara das competências do Executivo e do Legislativo, na elaboração e execução do orçamento*. É necessário garantir transparência e fiscalização da aplicação dos recursos públicos.

104. Tal movimento não pode ser deixado apenas aos membros dos parlamentos a quem cabe, sim, em última instância, a elaboração dos necessários dispositivos legais. Deve-se garantir, na elaboração dos itens de tal reforma, a mais ampla participação popular, principalmente através das entidades da sociedade civil. Apenas dessa forma se poderá ter a necessária mudança nas práticas partidárias e no processo eleitoral.

105. Questionamentos se fazem sobre a representação dos Estados, na Câmara Federal, no que diz

respeito à profunda disparidade na representatividade numérica, no maior poder político delegado ao Senado, quando ele representa, de fato, apenas a federalização dos Estados brasileiros. Hoje, no Senado, têm assento mais de 20% de suplentes, ou seja, senadores que de fato não disputaram eleições. Pode-se dizer que os suplentes são senadores que não receberam nenhum voto, sendo que muitos, ou todos, são absolutamente ignorados ou desconhecidos pelos eleitores do Estado que representam. Acontece que cada candidato a senador pode designar dois suplentes, os quais, mesmo não se submetendo ao voto do povo, muitas vezes ocupam a cadeira definitivamente.

106. É lamentável a inexistência de práticas de consulta popular, muito comuns em outras democracias, como a dificuldade de chamar um plebiscito, um referendo ou mesmo o número imenso de assinaturas para obter a possibilidade de protocolar projeto de lei de iniciativa popular.

107. Outra crítica se faz às "Medidas Provisórias", estabelecidas na Constituição Federal de 1988. Elas foram concebidas para que, em caso de urgência e relevância, o Executivo pudesse enfrentar situações em circunstâncias excepcionais. A aprovação ou não da MP viria em seguida. Entretanto, dado que o Congresso Nacional se revela lento nas deliberações ou atua politicamente em sentido oposto, as Medidas Provisórias se tornam "Medidas Permanentes". Nesse caso, dada a

inexistência de ato legislativo, quem atua como tal é o próprio Executivo. É, pois, urgente uma regulamentação mais apropriada do uso das Medidas Provisórias.

108. O sistema de votação, no Brasil, também se apresenta com profundas distorções. No afã de fugir do chamado "voto de cabresto" da Primeira República, estabeleceu-se na década de 1930 o voto pessoal, em detrimento do voto em chapa fechada, àquela época, causador das eleições "a bico de pena". Acontece que se pode afirmar que o voto em lista partidária fechada é um voto mais ideológico, ou um voto no programa partidário que a chapa representa. Entretanto, os problemas continuarão ocorrendo na constituição da ordem nas listas, as quais serão encabeçadas, sempre, pelos grupos partidários majoritários. Com tais preocupações, levanta-se a hipótese do chamado "voto misto", votando duas vezes, sendo uma no candidato de sua predileção e outra na chapa partidária.

109. É preciso reconhecer que a Reforma Política necessária ao País terá que ser enfrentada passo a passo, uma ou um conjunto de questões de cada vez. É nessa perspectiva que a CNBB já vem participando do esforço da sociedade para superar as distorções da representatividade em nossa Democracia, através da luta contra a corrupção eleitoral e agora pela consideração da vida pregressa dos candidatos para que possam obter seus registros. É preciso reconhecer também que, apesar da urgência e da quantidade de mudanças

a fazer, não será possível intensificá-las no contexto de um ano eleitoral.

110. É urgente, porém, neste momento da história do nosso País, promover uma firme mobilização pelas reformas políticas que abram caminho para uma profunda reforma do Estado Brasileiro. Uma reforma que vá, portanto, bem além das meras mudanças de regras de funcionamento da nossa Democracia tal como atualmente se estrutura em nosso País. Dentro dessa perspectiva, o Conselho Permanente da CNBB *conclama* os irmãos e irmãs brasileiros a realizarem uma profunda e crítica análise das atuais instituições políticas e identificarem o que nelas pode ser modificado ou criado de novo, para que o Estado não esteja a serviço dos interesses produtivistas e consumistas, dentro e fora do Brasil, mas esteja efetivamente a serviço do bem comum e da dignidade das grandes maiorias nacionais.

111. "A Democracia não se realiza, de fato, quando o sistema econômico exclui parcelas da população dos meios necessários a uma vida digna […]. A construção da Democracia é a criação das condições necessárias para que os homens, como cidadãos, rompam o isolamento e sua desagregação social, e ocupem o espaço público, através da discussão, da negociação, do diálogo e da decisão."[45]

---

[45] CNBB. *Documento 42*, 69-70.

SUMÁRIO

Apresentação 3

Introdução 6

I. Crise política e democratização do Estado 11

II. O Estado como construção histórica 17

III. A sociedade em mudança exige novas
    estruturas 21

IV. Encontrar saídas 25

V. Passos práticos 40

Impresso na gráfica da
Pia Sociedade Filhas de São Paulo
Via Raposo Tavares, km 19,145
05577-300 - São Paulo, SP - Brasil - 2010